AF464649

DISCOURS

PRONONCÉ

A LA CÉRÉMONIE DU MARIAGE

DE M. GOUSSARD (GEORGES-MARIE)

AVEC

Mlle DE ROYS (BLANCHE-MARIE),

LE MARDI 12 JUIN 1877, DANS LA CATHÉDRALE DE CHALONS

PAR

Mgr MEIGNAN, ÉVÊQUE DE CHALONS.

CHALONS-SUR-MARNE
IMPRIMERIE T. MARTIN, PLACE DU MARCHÉ-AU-BLÉ, 50.

1877

DISCOURS

PRONONCÉ

A LA CÉRÉMONIE DU MARIAGE

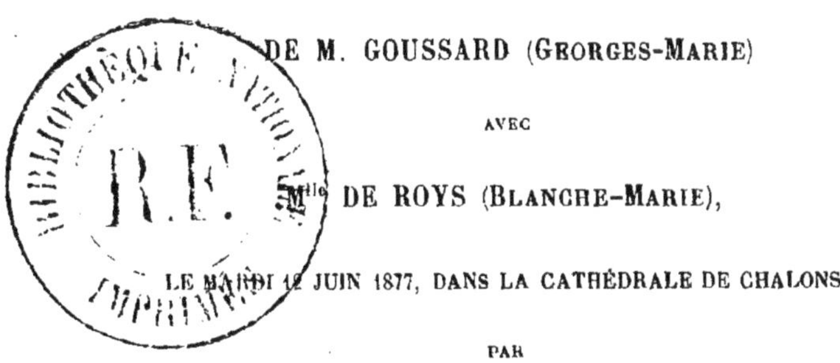

DE M. GOUSSARD (GEORGES-MARIE)

AVEC

Mlle DE ROYS (BLANCHE-MARIE),

LE MARDI 12 JUIN 1877, DANS LA CATHÉDRALE DE CHALONS

PAR

Mgr MEIGNAN, ÉVÊQUE DE CHALONS.

MONSIEUR ET MADEMOISELLE,

Il est un mot correspondant à un besoin impérieux de l'âme humaine, un mot doux et mystérieux, qui a souvent été répété devant vous, depuis quelques semaines surtout, et qui éveille dans votre cœur, chaque fois qu'il est prononcé, un indéfinissable sentiment. Ce mot est — *bonheur*. L'idée qu'il exprime, offerte à deux fiancés sous la forme d'un souhait, d'une espérance ou d'une certitude, possède la merveilleuse puissance de transformer pour eux l'inquiétude inséparable d'un changement complet de vie en une mélancolie pleine de douceur.

Croire au bonheur, l'espérer et l'attendre, est non-seulement permis au chrétien, c'est encore l'objet d'un commandement exprès.

L'Eglise s'associe donc pleinement à vos espérances, à celles de vos parents et de vos amis. L'Eglise le fait avec une confiance que le monde ne peut avoir ; car, pour nous, votre bonheur ne dépend ni du hasard, ni du caprice des événements. Le bonheur chrétien appartient à qui sait le comprendre et le vouloir.

Je voudrais, en ce jour de joie, définir le bonheur et en graver en vous l'ineffaçable image.

Il y a deux bonheurs, dont l'un est le bonheur parfait, celui de la vie future couronnant la foi en J.-C. et la fidélité à suivre les maximes de son Évangile. Il consiste dans la possession finale de Dieu, c'est-à-dire, dans celle du vrai, du beau et du bon à l'état absolu. L'œil de l'homme n'a rien vu, dit l'Apôtre, son oreille n'a rien entendu, son cœur n'a jamais senti rien de pareil à ce que Dieu réserve à ses élus. A ce bonheur parfait correspondent les aspirations de l'âme humaine et son désir inextinguible de la félicité complète.

Mais au-dessous de ce bonheur parfait, l'enseignement chrétien place une certaine somme de félicité que Dieu accorde à tout homme de bonne volonté. C'est le bonheur de la terre, l'ombre et l'image du bonheur du ciel, et comme dit l'ange de l'école, saint Thomas : *Aliqualis participatio beatitudinis cœlestis.*

Hâtons-nous de le dire, ce bonheur n'est ni dans la richesse, ni dans le plaisir, ni dans les succès, ni dans les honneurs. Considérés en eux-mêmes et comme fin, tous ces biens, fussent-ils réunis à la fois, ne constitueraient pas le bonheur.

Chacun de ces objets que le monde poursuit avec une activité fiévreuse fuit souvent celui qui les cherche, et toujours il se dérobe au grand nombre. Le privilégié qui les atteint et les saisit n'y trouve point le bonheur qu'il a rêvé : le plaisir s'émousse et fatigue; la richesse, loin d'apaiser les convoitises, les aiguise et les multiplie. On est riche, on veut devenir plus riche; on pense moins à ce qu'on possède qu'à ce qu'on veut posséder encore. Aux peines, aux sollicitudes qu'a coûtées la conquête de ces biens, succèdent bientôt la difficulté de les conserver et la crainte de les perdre. Aux yeux, je ne dis pas d'un chrétien, mais même d'un philosophe, est-il homme plus malheureux que celui qui court après un bonheur aussi insaisissable que l'ombre, aussi inconstant que la mer! Quoi de plus inconstant, par exemple, que le souffle de la faveur, *aura popularis*, non-seulement dans ce siècle inquiet et mobile, mais à toutes les époques ? Qu'est-ce qu'il y a de plus vrai que la comparaison de la fortune à cette roue du char dont le mouvement incessant élève ce qui est bas et précipite ce qui est haut ?

La maladie, d'ailleurs, empoisonne les meilleures joies du monde ; et la mort semble d'autant plus empressée à compter avec nous que nous comptons moins avec elle. Ne craignons pas de le dire, le bonheur mondain est un fantôme ; c'est le produit d'une très-réelle hallucination qui tôt ou tard se dissipe dans la douleur.

Le bonheur que la religion nous promet et nous souhaite en cette vie est composé de biens qu'on peut toujours atteindre et garder.

Jésus-Christ, sauveur des hommes, nous a indiqué en quoi consiste le bonheur de la vie présente, quand il a dit : « Cherchez d'abord le royaume des cieux, et le reste vous sera donné comme par surcroît. »

Eh bien, oui, la foi dans une vie meilleure, la ferme espérance d'y parvenir, console l'âme chrétienne de la monotonie et de la vulgarité de notre existence ici-bas, des douleurs et des trahisons embusquées sur nos voies. Il est à plaindre celui qui ne sent pas là un élément puissant de paix et de consolation, de courage, de sérénité au milieu des luttes de la vie.

La religion embaume et ennoblit toutes les joies ; comme un sel bienfaisant, elle les rend plus durables, plus saines et plus savoureuses. La tendresse des époux en devient et plus pure et plus constante, la famille plus unie, la paternité plus sainte et plus douce, la discipline de la maison mieux réglée et mieux acceptée. Le joug du devoir devient *doux et léger. Jugum enim meum suave est et leve.*

Un homme sans croyances religieuses est toujours essentiellement incomplet ; sa vie est moins tranquille, parce qu'elle est moins réglée; et s'il a de hautes facultés, si la fortune le favorise au point d'avoir bu à toutes les coupes du plaisir, de la fortune et du succès, un jour viendra où, sous le coup de la maladie et de la mort, il s'écriera avec le roi Salomon : *Vanitas !* Car ses peines et ses joies auront été essentiellement stériles.

La première condition du bonheur terrestre est placée dans de fortes croyances religieuses, dans la foi, dans l'espérance, dans l'attente, dans l'amour d'une vie meilleure et dans toutes les vertus qui y mènent.

Une seconde condition, assez compréhensive pour renfermer toutes les autres et nous faire échapper à l'inconvénient de l'énumération, consiste pour le chrétien à placer son propre bonheur dans le bonheur des autres, c'est-à-dire, à faire des heureux. Cette condition renferme tout l'Evangile, et les enseignements du Christ et ses exemples. Le bonheur, et je ne considère que ce point, sera pour un père de famille le bonheur de sa femme et de ses enfants, le bonheur de ses amis, de tous ceux qui le touchent, de tous ceux qui l'entourent.

C'est dans le sacrifice et le dévouement qu'il trouvera, comme le Christ, sa joie et sa gloire; c'est à servir utilement son Dieu, sa famille, sa patrie, qu'il consacrera toute son intelligence, toutes ses facultés, toute son activité et surtout tout son cœur.

Que si quelqu'un me disait : sans doute, ces grands dévouements sont beaux, nous les admirons ; mais pourquoi ne point regarder plus près de soi, ne point être plus pratique et ne songer pas tout d'abord à sa fortune, à sa position, à la suite et aux progrès de sa carrière ?

Insensés ! disait Jésus-Christ aux Juifs qui l'entouraient et lui faisaient pareille objection : *cherchez d'abord le royaume de Dieu, et toutes ces choses vous seront données comme par surcroît.*

Pourquoi, dirai-je à mon tour, faites-vous de ces biens, qui vous fuiront peut-être, la condition essentielle de votre bonheur ? Ces biens sont secondaires au point de vue de vos éternelles destinées, d'abord, et secondaires encore au point de vue du bonheur de la vie présente. Cherchez d'abord le royaume de Dieu, et toutes les autres choses vraiment nécessaires vous seront données comme par surcroît. Et croyez-vous que le Père céleste ne sait pas vos besoins ? *Scit pater vester cœlestis quia his omnibus indigetis.*

Faire d'abord et avant tout son devoir et plus que le strict devoir, se dévouer pour le bonheur des autres, n'est-ce pas le meilleur moyen de se faire la plus honorable carrière ? Ayez, si Dieu le veut, les biens terrestres, les satisfactions utiles, les nobles plaisirs qui délassent, une fortune, une position conquise par de vrais services. Mais il est pour votre bonheur une chose plus nécessaire : cherchez le royaume de Dieu et sa justice, et quant au reste, confiez-vous dans la Providence, et, suivant les paroles de Jésus-Christ, ne soyez point inquiets : *Ne solliciti sitis.*

L'inquiétude, l'aiguillon qu'enfonce dans les profondeurs de l'âme un désir intempérant de s'élever toujours, de s'élever quand même, les agitations de l'orgueil, l'envie, la jalousie, la haine, les rivalités, voilà la plus large part des douleurs ordinaires de la vie. La confiance en Dieu d'abord, et dans le travail ensuite, l'amour du devoir, les sincères et vertueuses affections, toutes basées sur le dévouement et les sacrifices personnels, voilà ce qui constitue ici-bas les vraies joies du sage et du chrétien.

Je me résume. Le bonheur d'ici-bas, le bonheur imparfait consiste à croire au bonheur parfait d'une autre vie, à l'attendre et à le préférer à tout. Il consiste en second lieu à mettre toute son application et sa satisfaction à créer, par le travail et le dévouement, le bonheur autour de soi.

Pour tout terminer en une dernière formule fournie par l'Evangile : le bonheur consiste à aimer Dieu par-dessus toutes choses et son prochain comme soi-même.

MONSIEUR ET MADEMOISELLE,

J'ai voulu aujourd'hui vous offrir cette esquisse de la science du bonheur chrétien, non point pour vous recommander quelque chose que vous ignoriez, mais pour vous affermir dans vos sentiments et vos propres convictions. Quand vous avez voulu réaliser le bonheur par votre mariage, jeunes époux, ne vous êtes-vous pas laissé guider par les maximes chrétiennes que je viens d'exposer?

En effet, Monsieur, où êtes-vous allé chercher le bonheur ?

Est-ce dans les milieux où trône la vanité, où le monde sème les amorces trompeuses du plaisir ?

Êtes-vous allé acheter le bonheur là où la spéculation a placé ses comptoirs et attend ses profits ?

Non.

Enfin, l'arène de la politique ne vous a

point tenté : aux élévations soudaines qu'elle procure quelquefois, vous avez préféré un chemin plus long sans doute, mais infiniment plus sûr.

Quand vous avez voulu choisir une compagne, vous êtes allé frapper à la porte d'un magistrat qui ne fuit point le monde, mais n'en recherche pas non plus le bruit et la vanité. Le travail et la vertu lui ont conquis, d'abord, l'estime, le respect, l'affection de tous, et, ensuite, la première dignité judiciaire, sur un siége où le mérite l'a placé et où la modestie le retient.

Je n'oserais, bien entendu, louer ici l'homme privé, l'ami sûr, l'époux, le père, le chrétien. Il me suffira de dire à cette heure et dans la circonstance : Monsieur, rendez la fille aussi heureuse que le père a rendu la mère.

Si je réveille, en un jour de joie, le souvenir d'une douleur fidèle, c'est pour vous dire, Mademoiselle, que si la mère, dont, nous dit-on, à votre gloire, vous reproduisez le vivant portrait, vous fait si cruellement défaut aujourd'hui, son âme et son cœur sont du moins présents ici en ce moment solennel : elle se réjouit d'un mariage qu'elle eût conseillé ; et elle le bénit des hauteurs invisibles.

La porte discrète où vous avez frappé, Monsieur, s'est ouverte devant vous par un privilége plus d'une fois refusé. Pour quelle raison ? Comment le trésor si vigilamment gardé, si bien défendu, vous a-t-il été promis ? La jeune fille qui composait à elle seule tout ce qui reste de joie au foyer paternel, nous pensions, puisqu'elle pouvait si bien attendre, que nous la verrions encore quelque temps, modèle des jeunes filles, soutenir par sa piété simple et vraie, puisée au foyer paternel et dans une admirable maison d'éducation, par son amour des tabernacles pauvres, par sa charité discrète, la troupe aimable de ses compagnes, au front desquelles, Monsieur, vous jetez sur un rayon de joie comme un nuage de tristesse apporté par la pensée de l'éloignement de leur incomparable amie.

Si malgré tant d'intérêts ligués contre vous, vous avez réussi et gagné le procès, c'est que le juge, plus jaloux du bonheur de sa fille que de son propre bonheur, après avoir instruit la cause avec la froide impartialité du magistrat, a jugé dans sa conscience qu'il fallait prendre des conclusions contre lui-même et contre nous, faire, en votre faveur, application de cet article du droit divin mentionné dans la Genèse : *relinquet patrem et matrem* : lorsque l'époux digne de l'épouse sera trouvé, la fille quittera son père et sa mère.

Si vous avez réussi, c'est que toutes les pièces de votre dossier plaidaient victorieusement votre cause.

Votre famille, Monsieur, est une des plus honorables et des plus anciennes de la ville de Chartres, ville, nous pouvons le dire ici, où sur de vieilles souches chrétiennes croissent incessamment de nouvelles et fortes tiges, l'honneur du pays, de l'Eglise et de la magistrature. Le nom de Chartres revient souvent quand on parle de nos soldats, de nos jurisconsultes et de nos saints. Les annales de votre famille, Monsieur, le prouveraient au besoin.

Votre jeunesse a été celle d'un doux, aimable et laborieux écolier, aimé de ses condisciples et de vénérables maîtres.

Vos études de droit ont été très-sérieuses et couronnées de succès.

Au lieu de consacrer au plaisir vos jeunes années et d'ajourner les labeurs d'une carrière définitive, vous êtes entré sans hésiter dans les travaux actifs de la magistrature. La présence de vos chefs, de vos modèles et de vos collègues, ici, en ce moment, nous montre combien leur estime et leur affection vous ont été promptement acquises.

Enfin, vous gardez fortes et vives des convictions religieuses, dans un siècle où les hommes sont assez ignorants d'eux-mêmes, de Dieu et de l'histoire, pour n'en plus avoir.

C'est avec ces titres, Monsieur, que vous avez conquis le consentement du père et le cœur de la fille.

Maintenant, que Dieu daigne répandre par nos mains ses plus abondantes bénédictions sur les deux jeunes époux ; qu'il comble leurs âmes des faveurs du Ciel, en leur accordant le double bonheur que nous vous avons défini.

Tel est l'objet des vœux émus de toute cette assemblée ; tel sera l'objet des ardentes prières qui vont s'élever ici de tous les cœurs !

Châlons, imp. T. Martin.

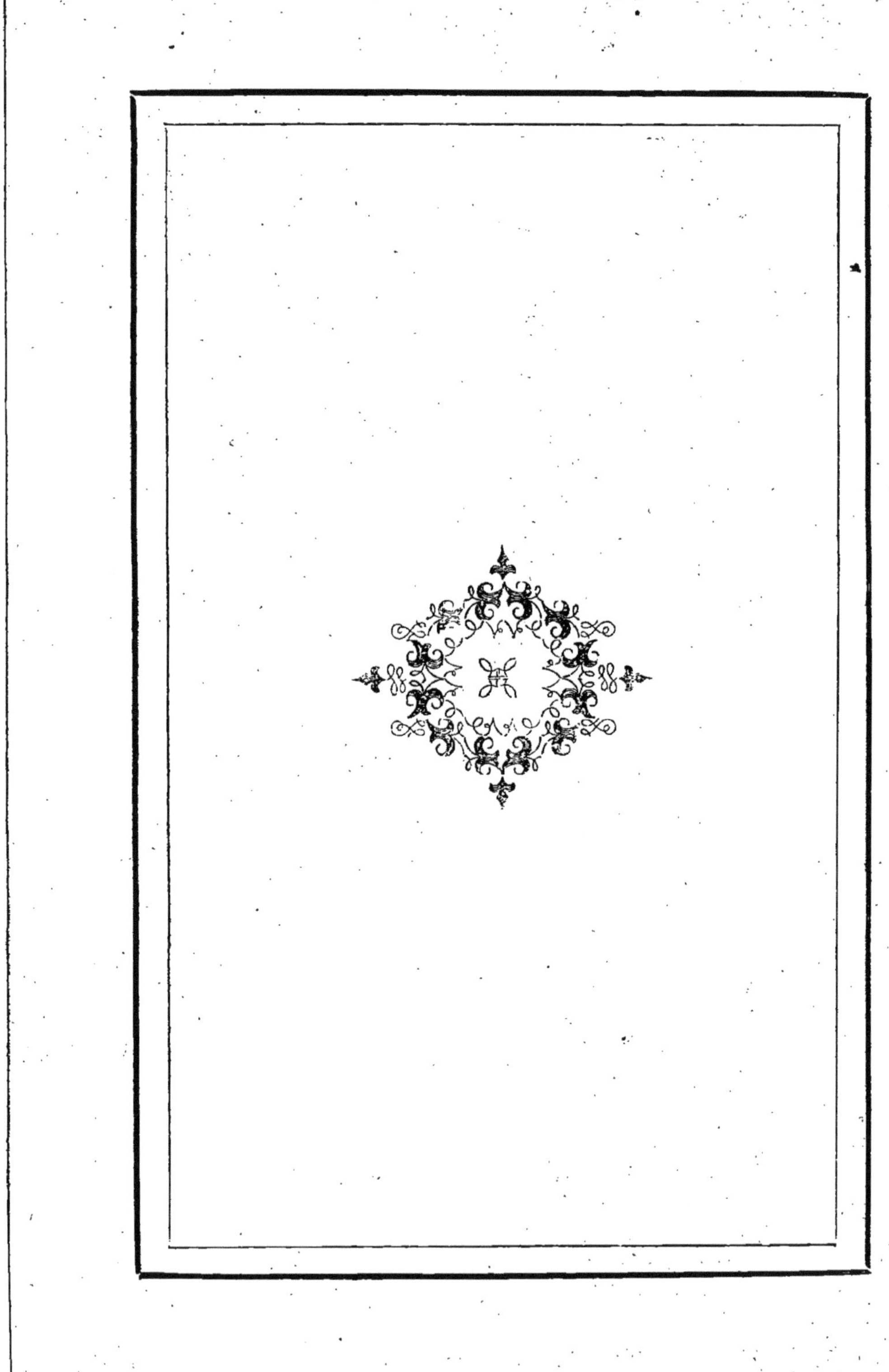

BIBLIOTHEQUE NATIONALE DE FRANCE
3 7502 01005443 7

www.ingramcontent.com/pod-product-compliance
Ingram Content Group UK Ltd.
Pitfield, Milton Keynes, MK11 3LW, UK
UKHW012309240726
13966UKWH00005B/1758

9 782011 924308